António Félix Jerónimo

Iniciativa comunitária contra o terrorismo

António Félix Jerónimo

Iniciativa comunitária contra o terrorismo

ScienciaScripts

Imprint

Cover image: www.ingimage.com

This book is a translation from the original published under ISBN 978-620-2-07983-9.

Publisher:
Sciencia Scripts
is a trademark of
Dodo Books Indian Ocean Ltd. and OmniScriptum S.R.L publishing group

120 High Road, East Finchley, London, N2 9ED, United Kingdom
Str. Armeneasca 28/1, office 1, Chisinau MD-2012, Republic of Moldova, Europe
Printed at: see last page
ISBN: 978-620-8-03563-1

Para todas as raparigas e mulheres vítimas de terrorismo em África.

"Usem o poder para ajudar as pessoas. Porque o poder não nos é dado para fazermos avançar os nossos próprios objectivos, nem para darmos um grande espetáculo no mundo, nem para termos um nome. Só há um uso justo do poder e é para servir as pessoas".

George W. Bush

Conteúdo

Prefácio

O contraterrorismo é um grupo de respostas a ameaças ou actos terroristas baseado na concertação de esforços para prevenir ataques terroristas e todos os ataques catastróficos, principalmente para manter os cidadãos a salvo das ameaças e, em segundo lugar, para neutralizar as ameaças. Embora o alvo do terrorismo seja a comunidade e o papel do governo seja proteger as comunidades dos ataques terroristas, por vezes as comunidades não são envolvidas ao nível adequado e a política pública torna-se uma discussão restrita de questões políticas.

Este livro traz uma abordagem reflexiva sobre o espetro do terrorismo e os desafios do contra-terrorismo e sugere como o governo deve abordar esta discussão. Apresenta também o quadro silencioso do envolvimento de crianças e mulheres como objeto do terrorismo, que necessita de uma resposta global imediata, especialmente em África.

A segunda parte trata do impacto psicológico, neurobiológico e comportamental do terrorismo e do impacto na população especial e vulnerável. Este capítulo ajudará a compreender como o terrorismo pode destruir nações e sugere uma reflexão sobre o que a resposta e a recuperação devem abordar.

O terceiro capítulo é uma proposta prática sobre a forma como a gestão de emergências e a resposta a um ataque terrorista devem ser organizadas e implementadas com a participação da comunidade.

O quarto capítulo trata dos media e da comunicação. Discute o comportamento inadequado dos meios de comunicação social que contribui para o impacto negativo nas comunidades e sugere como os meios de comunicação social podem contribuir melhor para tornar as comunidades mais seguras. Discute também a importância da interoperabilidade e a forma como esta pode contribuir para o sucesso aquando de um ataque terrorista.

O capítulo 5 trata da estratégia para as organizações de ajuda humanitária, como e em que é que estas podem contribuir para a fase de preparação e resposta e para o reforço da capacidade de resistência das comunidades.

O capítulo 6 continua com uma abordagem mais ampla das estratégias de resposta e fornece diretrizes para a avaliação e intervenção em caso de ataque terrorista com a participação de agências estatais, organizações de socorro e comunidades.

O sétimo e último capítulo é um breve debate sobre ética, direitos humanos e cultura. A forma como estes aspectos podem influenciar uma iniciativa antiterrorista e os desafios comuns.

Introdução

Um objetivo importante das organizações terroristas é atingir civis e não combatentes para criar medo, influenciar o público e provocar mudanças políticas. Uma estratégia não coerente, a falta de uma missão global e de um objetivo unificado de segurança interna afectam a coordenação entre os diferentes actores envolvidos na gestão de emergências. Estas questões levantam a importância da coordenação e da melhoria das estratégias de combate ao terrorismo, bem como de uma iniciativa que considere a forma como diferentes abordagens e actores podem trabalhar em conjunto para minimizar o impacto do terrorismo nas comunidades.

A exposição ao terrorismo tem um impacto negativo no bem-estar psicossocial e emocional do ser humano. A Perturbação Pós-Traumática (PTSD), a Perturbação de Stress Agudo (ASD) e outras perturbações mentais e emocionais são impactos psicológicos do terrorismo e da guerra. Os indivíduos que passam por acontecimentos traumáticos tendem a ser mais vulneráveis à irritabilidade e à perturbação social que afectam a vida pessoal, as relações interpessoais e o comportamento antissocial nas suas comunidades.

É importante compreender o impacto do terrorismo e da guerra, a fim de aumentar a sensibilização para a necessidade de prestar apoio psicossocial que reforce a ligação social da população afetada e de criar capacidade de resistência para minimizar o impacto.

As comunidades esperam ser protegidas pelos seus governos, e têm esse direito. Em comparação com outras catástrofes, o terrorismo provoca mais medo e perturbações na vida quotidiana, mas quando há recursos suficientes e profissionais qualificados para responder, pode haver uma ligação social e uma resposta emocional positiva, incluindo a participação da comunidade. Um inquérito nacional realizado nos Estados Unidos após os ataques de 11 de setembro sugeriu um aumento do apoio emocional do público e da confiança na política e nas despesas governamentais de combate ao terrorismo. O reforço do apoio social contribui para reduzir os acontecimentos traumáticos entre as vítimas e o risco de desenvolvimento da saúde mental.

Todas as comunidades são compostas por diferentes grupos com diferentes histórias, diferentes necessidades e diferentes capacidades. Uma iniciativa antiterrorista deve ser inclusiva e adequada às necessidades e capacidades de todos.

As comunidades não devem ser consideradas apenas como vítimas, mas sim como parte de uma equipa de resposta estruturada com a função básica de apoiar os profissionais de resposta a emergências. Para desempenharem eficazmente este papel, devem participar em programas de formação e exercício que lhes permitam atuar no respeito dos princípios de segurança e proteção.

A colaboração entre agências e actores não estatais é crucial para a iniciativa antiterrorista. Por vezes, a comunicação e a atribuição de recursos tornam-se um desafio, mas um planeamento adequado, uma gestão partilhada e o estabelecimento de políticas e procedimentos de comunicação podem evitar conflitos, reforçar o sistema de resposta e reduzir o impacto negativo nas comunidades.

Os terroristas exploram a utilização dos meios de comunicação social para maximizarem o seu impacto, e os meios de comunicação social parecem estar numa relação de cooperação com as organizações terroristas quando desempenham o papel que estas pretendem, por exemplo, expondo a forma como as pessoas sofrem com os seus ataques e glorificando os seus autores. Na verdade, este é um desafio relevante do contraterrorismo que exige um esforço para envolver os media de uma forma diferente na resposta ao terrorismo.

A resposta ao terrorismo pode resultar na aplicação de políticas e medidas que, por vezes, afectam os direitos humanos e as liberdades civis. O diálogo permanente entre o governo e as comunidades pode ajudar a minimizar possíveis conflitos e contribuir para a democracia e a estabilidade.

Esta publicação contém discussões sobre estratégias e abordagem para envolver as comunidades no ciclo de gestão de desastres, especialmente no terrorismo, desafios, necessidade de proteção e envolvimento de grupos especiais e população vulnerável, meios de comunicação e uso de tecnologia. O tópico também cobre uma breve abordagem sobre ética, direitos humanos e cultura. Outro propósito desta publicação é mobilizar o governo e as organizações de ajuda humanitária para alocar recursos suficientes para tornar as comunidades mais seguras e desenhar sistemas de resposta efectivos. Esperamos que esta publicação possa contribuir para tornar as comunidades mais seguras.

Capítulo 1

Terrorismo e contra-terrorismo

O terrorismo é uma ameaça global que obriga os diferentes Estados a conceberem políticas, estruturas, legislação e regulamentação para contramedidas que garantam a segurança interna e a manutenção da soberania do país. Esta tarefa torna-se, de certa forma, desafiante, desde que não exista um acordo sobre a definição de terrorismo entre os diferentes países, nem uma definição do perfil do terrorista (Borum, 2004).

As definições de terrorismo são mais de uma centena, mas com duas abordagens diferentes - a primeira define o terrorismo como qualquer ato perpetrado por indivíduos, grupos ou Estados, com legitimidade ou não, com o objetivo de causar medo, ferimentos ou morte; a segunda define o terrorismo como um ataque perpetrado contra não combatentes por subgrupos ou agentes clandestinos para atingir objectivos políticos e influenciar audiências (Nacos, 2016; Njoku, 2011; Título 22 do Código dos Estados Unidos, Secção 2665f (d) e Departamento de Estado). Este ponto parece ser o epicentro do desacordo entre diferentes Estados. O Médio Oriente, por exemplo, recusou subscrever a definição de terrorismo das Nações Unidas, com o argumento de que esta definição favorece outros países, ou limita a sua reação à ocupação estrangeira.

Figura 1. Familiares choram após um ataque mortal das forças dos EUA e da Somália que tirou a vida a 10 pessoas, incluindo três crianças, em agosto de 2017. Fonte: REUTERS

Existem também definições diferentes nos Estados Unidos (McEntire, 2009, pp. 26-27):

- O Departamento de Estado define o terrorismo como "violência premeditada, politicamente motivada, perpetrada contra alvos não combatentes por grupos subnacionais ou agentes clandestinos, normalmente com o objetivo de influenciar uma audiência".

- O Departamento de Defesa define o terrorismo como "o uso calculado da violência para inculcar o medo, destinado a coagir ou intimidar governos ou sociedades na prossecução de objectivos geralmente políticos, religiosos ou ideológicos".

- O Federal Bureau of Investigation define o terrorismo como "o uso ilegal da força contra pessoas ou bens para intimidar ou coagir um governo, a população civil ou qualquer segmento da mesma, na prossecução de objectivos políticos ou sociais".

A perspetiva de haver muitas definições pode influenciar a incompreensão em situações que exigem uma resposta global. As diferentes definições nos Estados Unidos evitam este mal-entendido, preservando os aspectos comuns que figuram nos actos terroristas em todas as definições:

- Violência ou ameaça premeditada.
- Visar civis ou não-combatentes.
- Por motivos políticos ou religiosos.
- Influenciar o público ou a mudança política.

O acordo sobre aspectos comuns permitiu que os Estados definissem e implementassem legislação e políticas e produzissem estatísticas globais que têm contribuído para os esforços de luta contra o terrorismo. Doravante, o terrorismo referir-se-á à violência ou ameaça premeditada perpetrada por indivíduos ou grupos contra não-combatentes com o objetivo de causar medo, influenciar audiências ou provocar mudanças políticas.

Os Estados que não concordam com a definição de terrorismo podem também explorar o dilema das definições para retaliar os Estados Unidos e outros países ocidentais, alegando ocupação estrangeira. Paradoxalmente, a motivação de apoiar o terrorismo para evitar retaliações implica um acordo subjetivo sobre a definição de terrorismo, uma vez que se entende que a ação deve ser perpetrada por actores não estatais e que esperam influenciar a mudança política do governo visado.

Apesar da discordância quanto à definição, é indubitável que o terrorismo é uma ameaça global que geralmente envolve conceitos políticos e ideológicos e motivação para perpetrar violência contra civis (Mahan & Griset, 2013). A luta contra o terrorismo significa mais do que perseguir grupos terroristas e abortar actos de terrorismo, mas também significa proteger civis e comunidades inteiras do seu impacto. Uma das formas de proteger as comunidades do impacto do terrorismo é equipá-las com conhecimentos e capacidades para lidar com as consequências e criar resiliência. Nesta perspetiva, as comunidades não devem ser meras vítimas do terrorismo, devem ser consideradas parte do sistema de resposta - iniciativa antiterrorista.

As conclusões dos ataques de 11 de setembro (11/9) informam que os fracassos anteriores consistiram numa estratégia não coerente e na falta de uma missão global, de um objetivo unificado e de coordenação entre as agências federais e os departamentos governamentais. É aqui que surge a obrigação do Estado e do governo de proteger a vida dos civis nos seus territórios, concebendo medidas antiterroristas eficazes para garantir o direito das pessoas a viver. Espera-se que o direito das pessoas a viver não se limite a discussões entre agências governamentais, mas considere a participação da comunidade para que estas estratégias e missões satisfaçam as suas necessidades e expectativas (Nacos, 2016 Saiya, 2015; Wolfendale, 2007). Quando os governos envolvem as comunidades no processo de conceção, implementação e avaliação das políticas públicas, é mais provável que obtenham apoio e partilhem responsabilidades e falhas, minimizando também o impacto psicossocial das falhas.

1.2 Abordagem ao terrorismo antes do 11 de setembro

B Antes do ataque terrorista de 11 de setembro, a violência política era objeto de análise como um fenómeno isolado. O contexto geopolítico e estratégico não constituía uma referência importante. Nesse cenário, as ameaças de actores não estatais eram de certa forma subestimadas nas relações internacionais e nos estudos académicos.

T os comissários do relatório do 11 de setembro alertaram para a existência de grupos perigosos a operar dentro dos Estados Unidos e no estrangeiro, esta informação sugeria "que as ameaças à segurança da América seriam mais difusas, mais difíceis de antecipar e mais difíceis de neutralizar do que nunca" (Nacos, 2016, p.176-177). Evidentemente, a resposta à reforma da legislação e da estratégia era uma necessidade real e urgente. Depois, o Presidente Bush liderou a nova estratégia nacional em torno da guerra contra o terrorismo, a estratégia incluiu uma abordagem geopolítica diferente que incluía a ação militar contra as nações que apoiam o terrorismo, por exemplo, o Iraque e o seu Presidente foram listados como prioritários. Tal como referido por Nacos, a estratégia de Bush incluía três princípios: (i) tornar o mundo mais seguro e melhor, (ii) preempção antes de a ameaça se tornar iminente e (iii) uso unilateral da força; a filosofia do primeiro princípio era tornar a América uma nação superpotente com determinação de supremacia global, o segundo parece estar mais centrado na ação antiterrorista que também resultou na reorganização do Departamento de Segurança Interna, e o último sugeria que os Estados Unidos não deveriam estar dependentes de outros países ou organizações para agir.

1.3 Terrorismo e políticas públicas

A política pública é o "coração, a alma e a identidade de um governo" (Cochran & Malone, 2014, p. 3). Na perspetiva de Cochran e Malone (2014), a política pública é a razão e a sustentabilidade do governo existente; a política pública refere-se ao quadro geral desenvolvido e utilizado pelo governo durante as suas acções actuais para tomar decisões e atingir objectivos públicos.

Os elementos essenciais das políticas públicas são as leis, os regulamentos, as medidas, as prioridades de financiamento e os agentes públicos. Estes elementos estão relacionados com a perspetiva, as prioridades, os problemas, a comunicação e a escolha do público (Fisher, Miler, Sidney & Mara, 2007). Uma boa política pública também tem em conta o princípio da inclusão e da diversidade na sociedade, por exemplo, quem são as pessoas mais vulneráveis, as questões mais críticas, as questões sensíveis ao género, as áreas geográficas críticas, etc. A implementação de uma política pública pode falhar ou ser bem sucedida. Se falhar, os objectivos e expectativas do público não são alcançados e, se for bem sucedida, representa um passo importante no desenvolvimento económico e social do país.

Os desafios comuns em matéria de política pública estão relacionados com a dificuldade de conciliar política e política. Enquanto a política aborda as preocupações da população e anuncia a linha de ação preferida, a política refere-se ao processo legislativo, à regulamentação e à aplicação da política. Se o sistema político não consegue abrir caminho para responder adequadamente às preocupações do público, então sugere-se que se mude o sistema político. É simples compreender estes conceitos em situações em que o público reclama a substituição de dirigentes ou funcionários públicos.

O segundo aspeto está relacionado com as questões éticas e de transparência que põem em causa a justiça na aplicação das políticas públicas. A falta de informação do governo ao público e as práticas de corrupção podem impedir a realização das políticas públicas. Um estudo de investigação da Open Society Justice Initiative (2006) sobre transparência e leis, envolvendo 14 países, concluiu que os países menos empenhados na transparência tinham metade da probabilidade de responder a pedidos de informação (Berlot, Jaeger & Grimes, 2010). A corrupção é inimiga das políticas públicas, porque quando um sistema político é corrupto, todas as políticas públicas têm maior probabilidade de falhar.

O terrorismo realça a missão do governo de proteger vidas. Enquanto a participação democrática exige o acesso do público à informação governamental, o governo exige o acesso à informação do público para detetar possíveis ameaças e garantir a segurança pública. Por exemplo, os serviços de informações, enquanto função importante para a luta contra o terrorismo e a segurança interna, baseiam-se na recolha e análise de informações para detetar potenciais ameaças e actividades terroristas, exigem procedimentos sensíveis e classificados que podem não satisfazer todos os pedidos de partilha do público e podem criar tensões entre o público e o governo.

Por vezes, o governo comunica com o público sobre potenciais ameaças para fins de preparação e prevenção, emitindo alarmes sobre actividades terroristas. Esta intenção aproxima a relação entre o governo e o público, mas pode facilmente cair numa relação de desconfiança quando o governo emite falsos alarmes induzidos por terroristas que intencionalmente divulgam informações sobre falsos ataques para criar medo ou para seu lucro político e não voltam ao público para explicar as circunstâncias da decisão tomada para divulgar informações e por que o ataque anunciado não ocorreu (Bongar, Brown, Beutler, Breckenridge & Zimbardo, 2007; Kaplan, 2009).

Uma política pública importante relacionada com o terrorismo pode, por vezes, tornar-se impopular e pôr em causa o conceito de "objectivos públicos e preocupações públicas" incorporado na definição de política pública. Este desafio surge devido à necessidade de as iniciativas antiterroristas incorporarem políticas contra as liberdades civis e os direitos humanos. Por exemplo, as pessoas raramente concordam que o governo deve aceder às suas comunicações e imagens privadas, mas algumas políticas autorizam os agentes do Estado a fazê-lo.

Qualquer ligação importante entre o terrorismo e as políticas públicas é a decisão sobre a fórmula adequada para desenvolver uma iniciativa de segurança interna e de luta contra o terrorismo. O debate pode centrar-se na escolha de uma fórmula baseada na população, em subsídios ou no risco. Relativamente a esta questão, os responsáveis pelas políticas públicas devem perguntar o que é que os terroristas esperam alcançar? Que ataque deverá afetar ainda mais a nação? E que áreas são geograficamente mais críticas e porquê? Por exemplo, os governos dão mais prioridade à proteção individual do Presidente, da sua casa e da sua família, que pode ser composta por menos de cinco pessoas, do que a uma escola pública que acolhe cerca de 5.000 crianças por dia. Os terroristas teriam mais orgulho em matar o Presidente ou 5.000 crianças? E assim, a política pública existe para minimizar os objectivos dos terroristas ou para construir uma nação forte? Estas questões devem ser debatidas aquando da conceção de políticas públicas e da abordagem de questões relacionadas com o terrorismo.

1.4 O espetro do terrorismo e o apelo a uma iniciativa comunitária de luta contra o terrorismo

O terrorismo não pode ser entendido numa única perspetiva, mas sim em diferentes raízes de avaliação e pontos de vista que consideram múltiplas causas e factores contributivos, tais como sociais, ideológicos, políticos, psicológicos, etc. A causa do terrorismo pode variar ao longo do tempo de acordo com o contexto dos grupos (Borum, 2007, Nacos, 2016). Martha Crenshaw (como citado por Borum, 2007) sugere que o que motiva o terrorismo é a oportunidade de ação, a necessidade de pertencer, o desejo de estatuto social e a aquisição de recompensa material. A necessidade de pertença e o desejo de estatuto social podem ocorrer num contexto de privação social que influencia o indivíduo a procurar identidade e reconhecimento psicológico. Fiske (2010) interpretando a teoria da frustração da agressão, sugere que a vingança e outras formas de comportamento agressivo podem ser motivadas pela exclusão política e económica que vai suportar o sentimento de injustiça e influenciar atitudes e comportamentos, sendo o terrorismo a forma obsessiva.

A recompensa material e a oportunidade de ação são factores socioeconómicos que não constituem a causa do terrorismo, mas podem representar um fator que contribui para o recrutamento, caso contrário, devemos perguntar que recompensa material espera o terrorista suicida? Por exemplo, muitos dos países mais ricos do mundo, como a Alemanha, a Itália, a França, a Bélgica e os Estados Unidos, produzem um maior número de terroristas em comparação com os numerosos países menos desenvolvidos, onde as actividades terroristas também ocorrem em menor número (Nacos, 2016). Com base na história contemporânea dos ataques terroristas, especialmente contra os países ocidentais, a religião e a cultura reforçam a ideologia terrorista. É a cultura que influencia o raciocínio moral dos conceitos de justiça. Assim, os terroristas acreditam que têm toda a razão em atacar os outros que estão errados, são maus e imorais (Matsumoto, 2001).

Nos anos 60, diferentes movimentos revolucionários em todo o mundo utilizaram a guerrilha clássica para enfrentar inimigos ideológicos e políticos. A incapacidade operacional dos movimentos tornou-os incapazes de enfrentar militarmente os inimigos do Estado e motivou estes movimentos para a radicalização. Alguns exemplos são a Al Fatah e a Frente Popular para a Libertação da Palestina (PFLP) e diferentes movimentos na América Latina, no Norte de África e no Sudeste Asiático. A evolução das tecnologias modernas e dos transportes influenciou o desenvolvimento operacional dos movimentos terroristas, resultando na sua disseminação a nível mundial (Moore, 2001).

É quase consensual que o 11 de setembro representou uma página revolucionária na luta contra o terrorismo, mas, na década anterior, o terrorismo já tinha aumentado significativamente em quantidade e capacidade de operações com a utilização de recursos tecnológicos para recrutar, partilhar informação e propaganda, angariar fundos e coordenar ataques, bem como promover formações em linha para a construção de bombas. No terrorismo contemporâneo, o uso da tecnologia facilita que muitos membros fiquem menos expostos e não sejam detidos, porque estão maioritariamente envolvidos em operações virtuais. Neste contexto de terrorismo, é mais difícil para os governos preverem os ataques terroristas e exporem ainda mais as comunidades ao seu impacto (Bongar et. al., 2007; Kaplan, 2009; Moore, 2001).

Com base na experiência dos ataques de 11 de setembro e na utilização da tecnologia por organizações terroristas, é grande a perceção e o receio em relação ao terrorismo contemporâneo. As organizações terroristas podem passar do sequestro de aviões para o ciberterrorismo que pode interferir diretamente nos sistemas de segurança dos voos. Jeff Kholer (2013) considerou que os sistemas electrónicos dos aviões estão em risco permanente de ciberataques. Por conseguinte, as iniciativas de luta contra o terrorismo devem ter em conta os numerosos recursos e a preparação da comunidade no que respeita às prioridades da luta contra o terrorismo contemporâneo. Visar civis e atingir objectivos políticos continuam a ser as semelhanças conservadas tanto no terrorismo antigo como no contemporâneo.

Os ataques bombistas suicidas são também uma ameaça grande e crescente. Os atentados suicidas existem desde a década de 1980, com raízes nos conflitos civis no Líbano, Sri Lanka, Turquia, Chechénia e, mais tarde, nos conflitos na Palestina e em Israel, sendo também um fenómeno recente que tem causado mais destruição humana para atingir objectivos políticos e influenciar mudanças. Tal como outros tipos de terrorismo, o terrorismo suicida tem como objetivo criar medo entre a população, mas cria especificamente um grande impacto psicológico e uma maior cobertura mediática; aumenta o sentimento de vitória entre a organização terrorista e influencia o apoio em termos de mobilização (Crenshaw, 2007; Maloshevska, n.d).

As armas biológicas e químicas podem representar maiores desafios para o governo, sendo mais críticas para os países que não dispõem de programas de investigação e de resposta a potenciais ameaças, tais como antimicrobianos e antitoxinas em caso de potenciais ameaças bioterroristas ou bioquímicas. [th]Por exemplo, o ataque com antrax contra os Estados Unidos em 2001 expôs a vulnerabilidade do país, no entanto, o antrax foi descoberto desde o século XVII e os Estados Unidos foram atacados com sucesso. O uso de sabotagem biológica também foi experimentado na Primeira Guerra Mundial por cientistas militares, e quando os militares americanos celebraram o sucesso do campo maciço no Pacífico e forneceram provas do impacto das armas biológicas, espiões soviéticos estavam a recolher amostras na água próxima, caso os terroristas fizessem o mesmo. Obviamente, o ataque com antraz deve ser considerado como esperado neste século, devido à sua longa história de utilização bem sucedida - esta é uma mensagem importante para os países que não foram atacados por terroristas. Para além do esforço dos terroristas para acederem a armas de destruição maciça e biológicas, os Estados inimigos podem conceder acesso a essas armas para evitarem retaliações e sanções aplicadas a grupos terroristas (Nova, 2002; Levy & Sidel, 2012).

Tendo em conta o contexto histórico, os Estados Unidos poderiam ter-se preparado melhor para exercer a prática da prevenção no local de trabalho e nos serviços de correio. Os Estados Unidos tinham conhecimentos suficientes sobre o perigo das armas biológicas e o princípio da saúde pública, mas não os aplicaram para se protegerem. Recomenda-se que todos os países tenham uma visão global das ameaças potenciais aquando da conceção do plano de segurança nacional.

1.5 Desafios da luta antiterrorista

O contraterrorismo é um grupo de respostas a ameaças ou actos terroristas, que inclui práticas, tácticas, técnicas e estratégias adoptadas em resposta. Alinhado com os objectivos de segurança interna, o contraterrorismo também implica a concertação de esforços para prevenir ataques terroristas e todos os ataques catastróficos, principalmente para manter os cidadãos a salvo das ameaças e, em segundo lugar, para neutralizar a ameaça (Homeland Security Council, 2007; National Counterterrorism Center, 2017). A chamada "preempção antes de as ameaças se tornarem iminentes", mencionada na Estratégia Nacional de Bush após o 11 de setembro, visava a necessidade de proteger as comunidades e minimizar o impacto do terror na população. Além disso, o seu antecessor, o Presidente Obama, sublinhou que uma postura de segurança nacional forte deve começar em casa e incluir um sistema educativo forte e competitivo (Nacos, 2016). Ambas as perspectivas apelam ao envolvimento da comunidade e reforçam a necessidade de a educar como parte da estratégia de contraterrorismo e de segurança em geral.

Em qualquer tipo de guerra, combater o inimigo e promover a segurança e a defesa é um objetivo semelhante. Tanto o terrorismo histórico como o contemporâneo têm sido batalhas de armas e ideias. O terrorismo histórico influenciou a necessidade de um pensamento e de uma estratégia geopolíticos para alargar a influência do poder nacional, da diplomacia e dos serviços secretos, de modo a tornar o terrorismo uma luta global com uma resposta global (Estratégia Nacional de Combate ao Terrorismo, 2006). Embora as estratégias de contraterrorismo tenham sido bem sucedidas, estão a tornar-se menos eficazes e menos ajustáveis ao terrorismo contemporâneo caracterizado e inspirado por células mais pequenas sem comando central e unificado, o aumento de lobos solitários e a procura de actividades no estrangeiro. Os terroristas têm tirado mais partido da Internet para recrutar, treinar e difundir propaganda. Os atentados terroristas mais frequentes na Europa são o novo terrorismo, que é mais difícil de controlar pelas autoridades (Estratégia Nacional de Combate ao Terrorismo, 2006). O outro desafio é a inexistência de uma motivação única, nem de um perfil único do terrorista suicida, no entanto, diferentes académicos continuam a apontar emoções relacionadas com a privação e a frustração, ou mesmo forças motrizes de motivação ideológica e religiosa que reforçam o sentimento de glória perante a morte como forma de insultar os inimigos que temem a morte. As crenças envolvidas no terrorismo suicida tornam os actos mais complexos e mais letais (Crenshaw, 2007;

Saiya, 2015).

O reforço do sistema de saúde é outra exigência da luta contra o terrorismo. Qualquer país que se prepare para enfrentar futuras ameaças de terrorismo deve ter em conta a necessidade de profissionais de emergência médica com formação, instalações e equipamento de emergência que possam ser instalados como área de transição e cuidados médicos continuados, cadeia de fornecimento de medicamentos e antitoxinas para emergências em caso de bioterrorismo. O sistema de saúde deve igualmente estar preparado para responder à necessidade de cuidados pós-hospitalares para as vítimas e os sobreviventes, incluindo a resposta psicossocial e psiquiátrica no dia seguinte.

1.6 Contra-terrorismo e informações

Os serviços de informações são um processo importante para garantir o contraterrorismo e a segurança interna. Os serviços de informações referem-se à recolha e análise de informações sobre potenciais ameaças e organizações terroristas, ou actividades destinadas a equipar a empresa de segurança interna e a manter o país seguro, protegido e resiliente (Department of Homeland Security, 2016). De acordo com o Departamento de Segurança Interna dos Estados Unidos, a inteligência e a análise abordam os seguintes factores preditivos:

1. Melhorar a compreensão e a reação dos clientes às ameaças à segurança da aviação

2. Aumentar a eficácia operacional contra as ameaças à segurança das fronteiras

3. Melhorar a integridade das redes cibernéticas

4. Informar os operadores e os decisores sobre os meios eficazes para combater o extremismo violento.

Estes factores preditivos respondem aos actuais desafios e prioridades das estratégias de luta contra o terrorismo e das necessidades de informação. Desde o 11 de setembro, o sector da aviação foi exposto como vulnerável e altamente cáustico se visado por terroristas; a imigração é outra área que tem sido explorada por terroristas, especialmente inimigos estrangeiros que podem entrar no país com a missão específica de cometer ataques; como os terroristas anunciam a intenção de explorar ao máximo a tecnologia, a cibersegurança não deve ser deixada para trás. Em geral, todos os factores preditivos selecionados estão relacionados entre si e têm sido fortemente explorados pelos terroristas.

Para atingir os objectivos mencionados, os serviços de informações necessitam de colaboração e integração no sector privado e nos parceiros federais, estatais, locais e tribais. Todos estes esforços contribuirão efetivamente para identificar e interromper as actividades terroristas antes da sua ocorrência.

O ciclo de inteligência inclui (i) recolha de inteligência, (ii) análise de inteligência, (iii) produção de inteligência e (iv) disseminação de inteligência (McEntire, 2009).

A recolha de informações reúne informações sobre organizações terroristas, operações e potenciais ataques através de diferentes meios, por exemplo, utilizando materiais académicos, intercepções electrónicas, concentração em acções específicas e de pessoas para pessoas.

A análise de informações é o esforço e o raciocínio das informações recolhidas para determinar a veracidade das informações e prever o que vai acontecer.

A produção de informações cria o perfil da situação utilizado para tomar decisões políticas e operacionais.

A difusão de informações é a fase do processo de partilha de informações com os principais utilizadores para aumentar a sensibilização e tomar medidas para interromper uma ameaça terrorista iminente.

Em muitos países, os serviços de informações são uma atividade atribuída a agências e serviços especializados que operam no interior e no exterior, por vezes sob a cobertura de outras instituições e serviços não especificamente identificados com a segurança interna, e de agentes secretos. Nos Estados Unidos, os serviços de informações são efectuados por 16 organizações que trabalham em conjunto e em colaboração para recolher informações e fornecer ao presidente informações fundamentais. A comunidade dos serviços de informações trabalha para influenciar decisões críticas em matéria de segurança nacional, política, aplicação da lei e funções e operações militares (Bullock, Haddow & Coppola, 2016).

Nos Estados Unidos, a Lei de Prevenção da Reforma da Inteligência de 2004 uniformizou normas, procedimentos e protocolos para a interface da inteligência e a classificação da informação. Representou uma melhoria do trabalho inter-agências e da capacidade de mitigação de catástrofes. (Department of Homeland Security, 2010; Nacos, 2016).

Porque é que a inteligência é importante?

A informação é um processo vital para a segurança nacional. Pode fornecer à liderança do país, aos decisores políticos e aos serviços militares informações e análises para alertar sobre potenciais ameaças e oportunidades, causas e consequências de eventos actuais e futuros que afectam a segurança nacional e a elaboração de políticas (Bullock, Haddow & Coppola, 2016).

Gookins (2008) salienta a importância da inteligência, mas enfatiza que não deve ser considerada como uma previsão do futuro, no entanto, a informação disponível produzida pela inteligência contribuirá para ser uma mais-valia na elaboração de políticas.

As decisões baseadas em informações podem contribuir para salvar vidas ou para uma guerra desnecessária que pode prejudicar as relações internacionais dos Estados. Por exemplo, o 11 de setembro é um exemplo de como os serviços de informações falharam devido a uma fraca comunicação entre agências e provocaram a morte de muitas pessoas. Os cenários actuais e a tensão entre os Estados Unidos, o Irão e a Coreia do Norte foram exigidos pelo trabalho dos serviços de informações (Kupcikas, 2013).

Porquê discutir a inteligência?

De acordo com o senso comum e a experiência na maioria dos estados ditatoriais em África, a inteligência é rotulada como actividades para pessoas que se dedicam a prejudicar a oposição política e governamental, e não como algo para prevenir ameaças e manter a soberania. Esta situação é parte da motivação para explorar mais conceitos e desafios relativos à inteligência e desenvolver competências para sensibilizar os profissionais e a comunidade em geral.

Lacunas nas políticas, estruturas, legislação e regulamentação

A política é concebida para regular situações identificadas e contextos reais. Quando se refere ao terrorismo, esta regulamentação é alargada ao contexto internacional. Os principais desafios que criam lacunas nas políticas, estruturas, legislação e regulamentação contextuais são (i) a falta de acordo sobre a definição de terrorismo entre os diferentes países e (ii) a falta de definição do perfil do terrorista (Borum, 2004). Esta ambiguidade pode influenciar a conceção e a aplicação das políticas e da regulamentação nos diferentes países. Por exemplo, os extremistas religiosos do Médio Oriente consideram os Estados Unidos como o grande Satã e, para eles, todos os americanos são tratados como terroristas que devem matar para proteger a sua soberania.

As questões e lacunas mais comuns levantadas sobre a política e a legislação em matéria de informações são a sua abordagem deficiente para preservar as liberdades civis e os direitos humanos. Por exemplo, o U.S. PATRIOT Act, também referido como "Public Law 107-56-Oct. 26, 2001", é uma iniciativa do Congresso com o objetivo de dissuadir e punir actos terroristas nos Estados Unidos e em todo o mundo, para melhorar os instrumentos de investigação da aplicação da lei, e para outros fins, é frequentemente referido como contendo uma abordagem de violação das liberdades civis e dos direitos humanos que inclui a interceção de comunicações de civis que não estão envolvidos em actividades terroristas. O tema da ética, das liberdades civis e dos direitos humanos nos serviços de informações carece de um debate mais aprofundado (Berman & Flint, 2003; Wolfendale, 2007).

A Lei PATRIOT também autoriza a prisão por um período indeterminado de estrangeiros suspeitos de terrorismo, sem a proteção de um processo justo. Embora pareça um ponto forte do ponto de vista jurídico para os Estados Unidos, os terroristas podem explorar esta possibilidade como uma brecha para desviar a atenção da segurança, criando suspeitos que possam atrair a atenção dos serviços secretos e, ao mesmo tempo, levar outros operacionais a perpetrar ataques. O Ocidente e os Estados

Unidos, em particular, são o principal alvo do terrorismo, mas as liberdades civis e os direitos humanos são universais. Uma abordagem comum dos conceitos e uma vigilância adequada ao terrorismo moderno podem contribuir para uma informação mais precisa, mas não para minimizar o impacto nas liberdades civis e nos direitos humanos (Mahan & Griset, 2013).

Como é que as lacunas identificadas devem melhorar as informações para a luta contra o terrorismo?

1. Considerar o terrorismo numa perspetiva criminal e não numa perspetiva política; esta melhoria minimiza o envolvimento emocional dos agentes com os "inimigos" e abre espaços para a justiça e os direitos no tratamento dos suspeitos.

2. Métodos de vigilância adequados para o terrorismo moderno e para influenciar a aplicação da lei; este ponto contribuirá para dispor de informações mais exactas e para minimizar as falhas na recolha e partilha de informações que podem influenciar a detenção de falsos suspeitos.

3. Considerando a perspetiva criminal do terrorismo, influenciar as leis e convenções internacionais para dissuadir, extraditar e interrogar os terroristas.

Desafios associados, pontos fortes e limitações das melhorias propostas

A melhoria do conceito de terrorismo e a consideração das perspectivas criminais é um ponto forte que minimizaria a questão das liberdades civis e dos direitos humanos.

A função analítica dos serviços de informações é fundamental porque as informações recolhidas devem ser analisadas e partilhadas para a tomada de decisões. Ao longo deste processo, a situação dinâmica e real torna-se a informação mais antiga do que o contexto da decisão. A politização da informação também pode influenciar a análise e, consequentemente, a decisão (Kupcitas, 2013).

À medida que os terroristas contemporâneos se aperfeiçoam na utilização da tecnologia e da operação virtual, tornam-se menos expostos e mais difíceis de serem levados à justiça (Bongar, et al., Moore, 2001; 2007; Kaplan, 2009). Este desafio continuará a motivar a abordagem da guerra e do inimigo. Por outro lado, aumenta o custo da inteligência.

A inteligência nacional deve ser organizada de acordo com a missão conjunta e não com as disciplinas das agências de origem; isso deve permitir que todas as agências tenham o domínio de todas as informações relevantes. As melhorias sem considerar a missão conjunta podem não ser eficazes, uma vez que as diferentes agências continuariam a utilizar conceitos e abordagens diferentes na perspetiva da sua disciplina (Bullock, Haddow & Coppola, 2016).

1.7 Raparigas e mulheres no terrorismo

No contexto da guerra, do terrorismo e da privação social, as mulheres tornam-se mais vulneráveis, e esta vulnerabilidade é explorada pelo terrorismo para obter vantagens tácticas. Calcula-se que mais de 30% dos terroristas internacionais sejam mulheres; esta taxa varia entre 20% e 30% se se considerar o terrorismo nacional e internacional. As mulheres podem desempenhar papéis activos e de apoio em actos terroristas, tais como recolha de informações, propaganda, logística e bombistas suicidas (Nacos, 2016; Ness, 2005)

O grupo nigeriano Salafi-Jihadi, também designado por Boko Haram, atingiu uma percentagem de envolvimento de mulheres-bomba mais elevada do que qualquer outro grupo terrorista na história do terrorismo. De acordo com um relatório pormenorizado do Centro de Combate ao Terrorismo de West Point (2017), de 434 bombistas suicidas, 244, ou seja, pelo menos 56%, eram do sexo feminino; num grupo de 134 bombistas com uma idade estimada em 60,4%, adolescentes e crianças, 48,5% eram do sexo feminino. De 1 de janeiro a 3 de junho de 2017, 64,5% dos bombistas suicidas eram do sexo feminino. O Boko Haram explora a crise humanitária para utilizar as raparigas e as mulheres como bombistas suicidas com contrapartida de pagamento. Como revelado por um bombista suicida não detonado mencionado no relatório, uma rapariga deve receber 64 cêntimos de dólar na moeda nigeriana para se voluntariar como bombista suicida; outras entram na organização terrorista como consequência do seu casamento através do recrutamento de casais; a conclusão é que, em todos os casos que conduzem à decisão final, o principal fator é realmente psicológico, porque a escolha é entre ser um bombista suicida, ou violência e assédio, e não a vida (Warner & Maftess, 2017).

Figura 2: Imagem retirada de um vídeo do Boko Haram que mostra raparigas desaparecidas. Fonte: Mail Online

Figura 3: Mulheres na Nigéria protestam contra o rapto de raparigas pelo Boko Haram na Nigéria

Apesar de a participação das mulheres no terrorismo ser secular, a intensificação do nacionalismo palestiniano é apontada como um fator que contribui para o aumento da participação das mulheres no terrorismo, incluindo o desempenho de papéis de apoio relevantes na propaganda, nas manifestações e no recrutamento, e o envio dos seus filhos para participarem na jihad (Davis, 2006).

Esta procura crescente do envolvimento das mulheres no terrorismo é justificada por razões tácticas e operacionais sustentadas por diferentes perspectivas para alcançar a eficácia nos actos terroristas:

1. Interromper a luta contra o terrorismo e as medidas de segurança

As mulheres atraem menos preocupações e suspeitas, são também menos eleitas para o controlo de segurança devido a razões humanitárias e culturais que normalmente as classificam como vítimas de violência e não como perpetradoras (Bongar et. al., 2007; Naaman, 2007; Nacos, 2016). O reforço das medidas de segurança para combater o terrorismo deve ter este ponto em consideração para evitar um aumento da participação das mulheres no terrorismo.

2. Criar um maior impacto

Quando o bombista suicida é uma mulher, o impacto é maior e capta mais a atenção dos meios de comunicação social. A cobertura mediática em zonas de conflito apresenta normalmente os homens como combatentes e as mulheres como vítimas. Por exemplo, quando se fala de refugiados, o foco de preocupação são as mulheres e as crianças que precisam de todo o tipo de apoio que deve ser prestado pelos seus defensores, que são os homens e todas as forças de segurança e defesa. Quando envolvidas em actos terroristas suicidas, as mulheres invertem a ideia construída de vítima, o seu papel cultural e de género para mártires, resultando numa cobertura mediática (Naaman, 2007). Para Ness, o fator crítico da ação passa a ser o género e não o ato.

Por outro lado, no seio das organizações terroristas, as mulheres também podem enfrentar barreiras para levar a cabo as suas actividades. A cultura, a religião e a ideologia do grupo são alguns factores de barreira.

Quando o Presidente Bush disse que induzir uma rapariga israelita de 18 anos a fazer-se explodir e a matar outra rapariga de 17 anos significa a morte do futuro, a interpretação pode ser a de que, culturalmente, partilhamos o princípio de que as mulheres devem ser preservadas para gerar vida. Como já foi referido, a ideologia religiosa e de grupo também constituem barreiras. O Hamas e a Jihad Islâmica apoiaram publicamente a iniciativa do envolvimento de mulheres em missões suicidas, mas, mais tarde, esta expressão de apoio foi limitada a factores de elegibilidade baseados na visão islâmica da pureza das mulheres, que afirma que as mulheres não eram suficientemente puras para se preocuparem com os atentados suicidas, pelo que só o fariam com o apoio ou na ausência justificada dos homens. Sunitas e xiitas também assumiram a posição de deixar a guerra santa para os homens.

O envolvimento das mulheres no terrorismo é um fenómeno que requer a atenção das iniciativas antiterroristas. A fase de prevenção do terrorismo deve abordar a questão da exploração de todas as crianças, raparigas e mulheres através da colaboração com programas de desenvolvimento social e de reforço económico, dotando estes grupos de conhecimentos e competências para a vida que possam reduzir os factores de vulnerabilidade. Uma abordagem proposta pode incluir o ensino das potenciais vítimas sobre as actividades terroristas e o recrutamento, o mecanismo de denúncia às autoridades governamentais, a implementação de campanhas comunitárias para evitar o casamento forçado e os valores culturais que atentam contra os direitos humanos, e a implementação de programas de proteção social e judicial nas zonas de população de risco.

Todos os Estados devem envidar esforços para garantir a segurança e a proteção especial das crianças. O artigo 19.º da Convenção sobre os Direitos da Criança (CDC) apela aos Estados Partes para que envidem esforços legislativos e administrativos para prevenir o abuso de crianças. Recomenda também que os Estados desenvolvam programas educativos e sociais para proteger as crianças contra os maus tratos.

Capítulo 2

Impacto psicossocial do terrorismo

A maior parte dos países que nunca foram atacados por terroristas são mais susceptíveis de ignorar a estratégia antiterrorista e as iniciativas em matéria de catástrofes para as prevenir, preparar, responder e atenuar eficazmente. Quando ocorre uma catástrofe, adoptam consequentemente procedimentos inadequados e não conseguem minimizar o impacto psicológico nas comunidades. As comunidades precisam de se sentir seguras e esperam ser ajudadas, caso esta expetativa não seja satisfeita, tornam-se desesperadas e mais expostas a problemas psiquiátricos.

2.1 Factores de risco na população

Na região da África Austral, encontramos os países e cidades menos afectados pelo terrorismo. Por exemplo, Luanda, a capital de Angola - Luanda foi a província menos afetada pela guerra civil em Angola, mas a população migrou de outras províncias para Luanda por razões de segurança e, após a guerra, o fenómeno aumentou por razões económicas. A população do país é de cerca de 25 milhões de habitantes; 47% são crianças dos 0 aos 14 anos, a taxa de orfandade entre as crianças e adolescentes dos 0 aos 17 anos é de 12% para ambos os pais e 65% para os pais solteiros (pai). Luanda é a província mais populosa, com 27% dos habitantes do país (Instituto Nacional de Estatística de Angola [INE], 2014). Angola nunca foi alvo de terrorismo e Luanda, a capital, é uma grande comunidade que acolhe população oriunda de todo o país. Os angolanos viveram a pior e mais longa história de guerra civil do continente, após a sua luta colonial; estes acontecimentos prolongados podem ter aumentado o medo da morte (Martins, 2015). Para além disso, não foi realizada nenhuma intervenção ou pós-intervenção para lidar com o impacto psicológico da guerra. De acordo com Breslau, Davis, Andreski e Peterson (1991), a experiência anterior a um evento traumático aumenta o risco de desenvolver transtorno de stress pós-traumático (TEPT) e outros transtornos de saúde mental ou emocional, pelo que a população de Luanda apresenta factores de risco elevados que a expõem a ser mais vulnerável ao impacto psicológico do terrorismo. Por exemplo, o terrorismo suicida estimula diferentes reacções no público, embora a sua estratégia seja minar o sentimento de segurança do público, criar medo e perturbar a vida quotidiana. Este cenário levanta a necessidade e a importância de iniciativas comunitárias para a resposta a catástrofes nessa região.

Os resultados de um inquérito nacional realizado nos Estados Unidos após o ataque de 11 de setembro apontam para um aumento significativo do apoio emocional do público e da confiança na política e nas despesas governamentais de combate ao terrorismo. O impacto psicológico de uma catástrofe de origem humana é maior do que o de uma catástrofe natural, envolvendo diferentes emoções negativas. Bongar et. al. referem também possíveis emoções positivas para as pessoas que sobreviveram, reforçando a ligação social.

A comunidade e as famílias têm geralmente uma reação imediata ao stress após a catástrofe, no entanto, diferentes factores podem ajudar a causar angústia e evitar que se tornem problemas crónicos. Além disso, podem ocorrer reacções emocionais negativas como choque, desamparo e sentimentos de medo (National Center for PTSD, 2010).

2.2 Impacto psicológico

A perturbação de stress pós-traumático (PTSD) é considerada a consequência psicológica mais comum a longo prazo após acontecimentos traumáticos, incluindo um ataque terrorista. A PTSD é a descrição da condição de alguém que foi exposto a um acontecimento traumático, experimentando pelo menos um dos sintomas recorrentes relacionados com o acontecimento nos seguintes estados de espírito: intrusão, recordações ou sonhos repetidos do incidente, evitamento, alterações negativas nas cognições e no humor, e alterações na excitação e reatividade (APA, 2013). Diferentes dados de investigação recolhidos após o ataque de 11 de setembro revelaram a existência de PTSD entre os trabalhadores humanitários e a população em geral:

"Duzentos e cinquenta sobreviventes da explosão direta mostraram uma elevada incidência de stress pós-desastre (45%) e PTSD (34%) 6 meses após o bombardeamento (North et. al., 1999). (A taxa de mortalidade no interior do Edifício Murrah foi de 46%, e 93% dos que se encontravam no edifício ficaram feridos [North

et.al., 1999])", (Bongar et al., 2007, p.178).

A exposição direta ao terrorismo influencia o desenvolvimento da PTSD e da Perturbação Aguda de Stress (PES). Diferentes indivíduos podem estar a lidar com o acontecimento de formas diferentes que os podem ajudar a construir forças psicológicas para sobreviver e ajudar outros em situações semelhantes, presentes ou futuras. Os indivíduos que enfrentam a PTSD tendem a perder o interesse pelas actividades diárias, familiares, comunitárias ou sociais, e também evitam o contacto com actividades ou locais associados ao acontecimento. A PEA refere-se a uma perturbação imediata que envolve ansiedade e outros sintomas como resposta biológica ao acontecimento (APA, 2003; Bongar et. al., 2007; Hobfoll, 2007; Ungar, 2013).

Esta iniciativa identifica quatro factores de risco que contribuem para o desenvolvimento de PTSD e ASD e que devem ser abordados pelo governo: **falta de recursos, história de trauma e doença mental, dissociação e evitamento após o evento traumático** e **falta de sistema de apoio social** (Laureate, 2009)

1. **Falta de recursos**

- Os indivíduos e as comunidades precisam de se sentir seguros no seu próprio ambiente e esperam ser ajudados numa situação de catástrofe; quanto mais apoio for prestado, menos desesperados se sentirão;

- Os recursos locais são úteis para reduzir o impacto da catástrofe.

2. **História de trauma e doença mental**

- As pessoas que vivem com doenças mentais podem ignorar procedimentos e medidas importantes de autocuidado e, consequentemente, tornar-se mais vulneráveis a acontecimentos traumáticos.

- Esta é uma questão crítica que deve ser abordada durante a fase de preparação e o plano de emergência.

3. **Dissociação e evitamento após o trauma**

- A evitação e a dissociação são caraterísticas dos indivíduos com emoções positivas baixas, o que os torna mais vulneráveis ao desenvolvimento de DSPT em comparação com os que são resilientes;

- Os indivíduos resilientes têm a capacidade de utilizar a força interna (física ou psicológica) e de interagir com o ambiente circundante, a fim de obter apoio para alcançar o bem-estar.

4. **Falta de um sistema de apoio social:**

- A família, a comunidade e os serviços de apoio desempenham um papel importante na redução do impacto dos acontecimentos traumáticos. As emoções positivas encontram sustentabilidade para reduzir os efeitos negativos dos acontecimentos traumáticos quando existe apoio da rede social;

- O reforço dos serviços da rede de apoio social e dos recursos de ajuda diminui o risco de PTSD.

Embora o ato terrorista em si mesmo seja horrível para a humanidade, sobreviver a um ataque terrorista é traumático e pode afetar os indivíduos e as comunidades de diferentes formas. A dimensão do impacto varia consoante a escala ou a magnitude do acontecimento, a natureza do acontecimento, os factores pessoais e a estrutura da comunidade. Os factores pessoais, a história familiar de psicopatologia, a exposição passada a um acontecimento traumático e os factores cognitivos determinam a vulnerabilidade à PSPT ou às PEA. As caraterísticas físicas, de género e de personalidade são também factores de influência. Os resultados de estudos de investigação sugerem correlações entre factores genéticos, neurológicos e biológicos no aumento da PTSD (Bongar et. al., 2007), o que evidencia condições pré-existentes que podem afetar negativamente o processo cognitivo de lidar com o acontecimento ou a dificuldade de gerir a resposta ao medo.

2.3 Impacto neurobiológico, comportamental e cognitivo

Toda a gente se sente ameaçada de ser vítima de um acontecimento terrorista, mas, uma vez ocorrido, os indivíduos podem tornar-se candidatos a PEA ou PTSD. Além disso, a exposição prévia a um acontecimento traumático e a história pessoal relacionada com factores predecessores do trauma aumentam o risco de PTSD.

Retomando o exemplo de Angola, em consequência de

Durante as duas décadas de guerra civil, mais de 4,8 milhões de crianças e 1,5 milhões foram deslocados das suas casas e mais de metade perdeu os pais, o que constitui um indicador de risco para esta população específica. Uma investigação realizada no país (Kipper & McEntyre, 2003) examinou a prevalência de PTSD e de sequelas de guerra associadas entre os adolescentes. Os resultados revelaram a existência de problemas psicológicos e de stress de guerra devido à acumulação de riscos e à exposição prolongada à guerra. A maior parte destes milhões de crianças afectadas pela guerra são os jovens e os pais de hoje que dão explicações a outras crianças. A investigação também indica que os indivíduos que sofreram traumas, incluindo acontecimentos traumáticos na história familiar, são mais vulneráveis e manifestam ataques de pânico mais graves e sintomas de perturbações do espetro do autismo. Outros estudos de investigação transgeracionais (Breslau, Davis, Andreski & Peterson, 1991; Wooding & Raphael, 2004) descobriram que as crianças afectadas pelo Holocausto nazi e aquelas cujos pais foram refugiados no mesmo contexto expressaram sintomas de trauma que afectaram a sua capacidade de regular, identificar e expressar emoções.

A desorganização massiva, a irritabilidade e a perturbação social que afectam a vida social e as relações interpessoais são potenciais impactos comportamentais para as comunidades, (National Center for PTSD, 2010; Kipper & McIntyre, 2003). Os afectos negativos bloqueiam os diferentes objectivos dos indivíduos, levando à frustração e consequentemente a comportamentos agressivos (Fiske, 2014). O terrorismo suicida impossibilita que a resposta agressiva seja dirigida à pessoa que provocou o desastre, pelo que as vítimas podem redirecionar-se para o seu grupo de pertença ou para outros membros da comunidade.

2.4 Impacto especial nas crianças e noutras populações vulneráveis

As crianças necessitam de proteção e atenção especiais. As crianças não têm capacidades cognitivas suficientes que lhes permitam fugir de uma potencial ameaça ou encontrar outras estratégias para minimizar o perigo pessoal durante um ataque, o que as levaria a sofrer maiores danos físicos em comparação com os adultos. As pessoas não diretamente expostas também devem ser afectadas transgeracionalmente (Bongar et. al, 2007; Masten & Narrayan, 2012; Wooding & Raphael, 2004). Quando as crianças são expostas a acontecimentos traumáticos, as suas emoções podem ser afectadas negativamente, afectando a capacidade de regular, identificar e expressar sentimentos.

Factores adicionais de acontecimentos traumáticos que causam a separação ou a perda dos pais, influenciam o desenvolvimento de problemas de saúde mental, reação agressiva, ansiedade e problemas comportamentais que terão um impacto negativo na sua vida social, por exemplo, envolvendo-se em comportamentos de risco, abuso de drogas e abandono escolar, (Haine, Ayers, Sandler, & Wolchik, 2008).

As crianças portadoras de deficiência e os idosos são grupos específicos aos quais a iniciativa antiterrorista deve dedicar especial atenção e assistência para abandonar zonas não seguras e prestar cuidados posteriores. Os idosos e a população em geral que vivem com doenças crónicas podem sofrer graves condições de vida, durante e após o ataque, devido a dificuldades em avaliar ou tomar os seus medicamentos. Os diabéticos, por exemplo, podem enfrentar uma situação crítica se não houver stock e fornecimento de medicamentos a tempo. Outras condições graves, como as alterações climáticas, a falta de abrigo, água e alimentos, podem aumentar o impacto negativo para esta população (CDC Disaster Planning Goal, n.d)

Capítulo 3

Gestão de emergências: Envolvimento das comunidades

Existem quatro fases funcionais da gestão de emergências aplicadas a todos os tipos de catástrofes e que devem ser consideradas importantes no terrorismo: **mitigação**, **preparação**, **resposta** e **recuperação** (McEntire, 2009).

O objetivo da **atenuação** é evitar a catástrofe e realizar uma série de operações de contra-terrorismo para melhorar a conceção e a proteção das infra-estruturas.

A preparação inclui iniciativas e medidas imediatas antes da ocorrência de um ataque terrorista, como o planeamento, a formação e os exercícios.

A resposta é a reação após a catástrofe. As principais caraterísticas da fase de resposta são a reação rápida, a intervenção qualificada para avaliar a situação e dar resposta médica.

A recuperação inclui actividades a longo prazo após a catástrofe para reconstruir emocionalmente as comunidades e prepará-las para futuras ameaças e ataques.

Figura 4: Ciclo de gestão de emergências aplicado ao terrorismo e a outras catástrofes.

3.1 Resposta e proteção da comunidade

As comunidades são uma parte importante de qualquer tipo de catástrofe; no terrorismo, são o principal alvo, mas diferentes factores também as expõem a desempenhar o papel de ajudantes - voluntários e socorristas.

Quando ocorre uma catástrofe, os espectadores terão curiosidade em aproximar-se do local e, se possível, tentarão ajudar. De acordo com a teoria da facilitação social de All port, as pessoas tendem a ter um melhor desempenho em frente a uma audiência, esta disposição deve ser melhor explorada para uma participação positiva da comunidade (Fiske, 2014).

A intervenção da comunidade é mais bem sucedida se os membros da comunidade tiverem formação adequada, informação e prática sobre como atuar com segurança e proteção, caso contrário, deverá ser um risco potencial e aumentar o impacto das perdas humanas. Outros factores que devem contribuir para as grandes perdas humanas são os possíveis explosivos secundários que podem ser colocados pelos terroristas para afetar o pessoal de emergência, o efeito das armas químicas ou biológicas ou maximizar o impacto da destruição.

Figura 5. Trabalhos de salvamento na Nigéria, depois de uma mulher-bomba que chegou num triciclo de táxi, realizados sem observar a segurança, 31 de julho de 2005. Fonte: CNN

A criação de uma Equipa Comunitária de Resposta a Emergências (CERT) pode ser

uma boa estratégia para organizar a participação e a intervenção das comunidades (McEntire, 2009). As principais funções da CERT devem considerar operações básicas de resposta, combate a incêndios em pequena escala, busca e salvamento e ajuda a vítimas com problemas emocionais.

Figura 6: Estrutura e funções da Equipa Comunitária de Resposta a Emergências

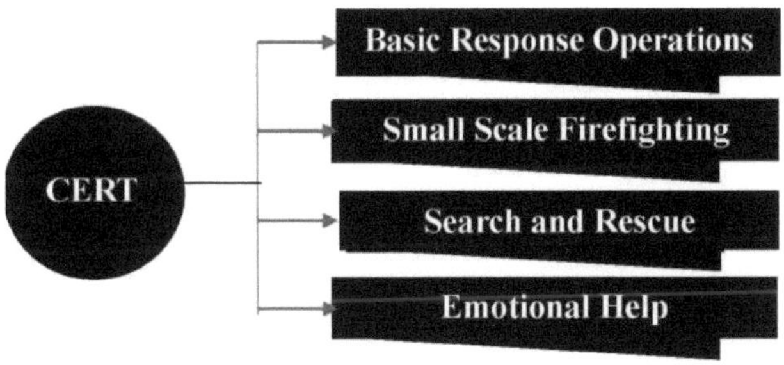

Uma vez tomada a decisão de criar uma CERT, pode ser gerada uma procura de voluntários e, em seguida, deve ser implementada uma estratégia de triagem, registo, formação contínua e avaliação para uma participação bem sucedida e evitar mal-entendidos entre as comunidades ou um envolvimento inadequado.

3.2 O papel dos socorristas

As equipas de emergência enfrentam desafios fatais quando intervêm em ataques terroristas e outras catástrofes. Se a informação sobre o perigo e a sua escala não estiver disponível no momento da intervenção, tudo se torna uma surpresa. Por este motivo, as formações em matéria de incidentes defendem que o pessoal de emergência deve dar prioridade à sua segurança antes de aceder ao local e aos sobreviventes. As experiências baseadas em incidentes terroristas anteriores (Thompson, Rehn, Lossius & Lockey, 2014) sugerem que as bombas podem ser colocadas para causar ferimentos no pessoal de emergência e maximizar o medo entre os civis. Podem existir ameaças secundárias relacionadas com os efeitos dos explosivos ou de outro tipo de armas químicas ou biológicas que podem ser colocadas com o mesmo objetivo

As conclusões de um estudo epidemiológico realizado pela Universidade de Oklahoma (Instituto de Medicina dos Estados Unidos e Comité de I&D, 1999) referem que 20% dos socorristas necessitam de tratamento de saúde mental e identificam a necessidade de formar profissionais de saúde para tratar socorristas vulneráveis devido ao envolvimento no risco após os ataques.

Consequentemente, a redução do desempenho afectaria a capacidade de prestar apoio à população, a fim de cumprir os objectivos de salvar vidas e influenciar os socorristas com um sentimento de impotência. Bongar et. al. (citando Brake, 2001; Carafano, 2003; FEMA, 2004; Garent et. al., 2003; Jackson et. al, 2003; Kendra & Wachetendorf, 2003; McKinsey Report, 2002) salientaram que o risco de stress dos profissionais envolvidos é emanado por factores organizacionais e operacionais identificados como preditores significativos de pós-trauma.

Qualquer iniciativa de luta contra o terrorismo deve dar prioridade à segurança dos socorristas para garantir que eles possam ajudar e proteger as suas comunidades, durante e imediatamente após o incidente. No entanto, uma preparação bem sucedida é relevante. De acordo com o U.S Department of Homeland Security (2015), *First Responder Guide for Improving Survivability in Improvised Explosive Device and/or Active Shooter Incidents,* o papel dos socorristas inclui preparar, ajudar e proteger as comunidades. Sugerem-se algumas medidas específicas para cumprir este papel:

1. Organizar **acções de formação de rotina** para informar as comunidades e melhorar as capacidades de triagem.

2. **Praticar a simulação** de incidentes para aumentar a sensibilização para os incidentes de risco.

3. Aplicar **medidas** de segurança e **de proteção** secundária para minimizar o possível impacto nas vítimas e nas instalações e equipamentos de emergência circundantes.

4. Efetuar **uma triagem altamente qualificada** e evacuar adequadamente os feridos para instalações médicas.

Capítulo 4

Media e Comunicação

Os meios de comunicação social desempenham um papel importante na comunicação para a mudança de comportamentos; no entanto, tem sido referido que criam um impacto negativo através do marketing na cobertura do terrorismo. Os resultados da investigação destacam o papel sensacionalista dos meios de comunicação social na influência que exercem sobre os bombistas suicidas para que se sintam orgulhosos do que fazem, ao mesmo tempo que desviam o seu interesse dos danos físicos para o impacto mediático e o recrutamento de voluntários (Grimland, Apter & Kerkhof, 2006). Os meios de comunicação social ganham maior audiência porque os ataques terroristas exploram muitas das caraterísticas que a investigação em comunicação identifica como importantes para a atenção dos meios de comunicação social. Nesta perspetiva, os terroristas e os meios de comunicação social têm uma relação de cooperação em que ambos podem beneficiar (Walsh & Charlotte, 2010). Outra tática das organizações terroristas é glorificar os terroristas suicidas nos territórios que apoiam através da disseminação de declarações pré-gravadas em vídeo, mostrar prestígio e apelo social através da disseminação de vídeos e usá-los como ferramenta para recrutar outros bombistas suicidas (Pries-Shimshi, 2005). Osama bi Laden, numa das suas comunicações ao líder dos Talibãs, Mullah, afirmou que os meios de comunicação social se tinham tornado obviamente um dos métodos mais fortes deste século, e que estava realmente convencido de que deveria ter atingido 90% da preparação total para as batalhas (Nacos, 2016).

Esta iniciativa de contraterrorismo considera a necessidade de desenvolver uma estratégia de comunicação social que minimize os objectivos esperados pelas organizações terroristas, abordando campanhas positivas de ajuda às comunidades com o apoio do governo local através de formações antecipadas, regulares e eficazes, de modo a criar comportamentos de ajuda entre os cidadãos e em todas as comunidades. Para o efeito, são sugeridas as seguintes acções

1. Difundir a forma como a população se pode dirigir para pontos de segurança e

encontrar profissionais e agências de ajuda.

2. Informar o endereço dos centros de recuperação, os contactos de emergência das agências e organizações de ajuda humanitária, em vez de dar ênfase ao ato terrorista e aos seus autores.

3. Partilhe histórias de sobreviventes resilientes, realçando os factores positivos que os ajudaram a lidar com o acontecimento.

4. Evitar a reprodução repetida e a divulgação de imagens de vítimas que possam afetar o sentimento das pessoas que perderam os seus entes queridos no ato terrorista.

O papel dos meios de comunicação social deve minimizar os objectivos terroristas, promovendo uma mudança social positiva na interação entre os membros da comunidade. Embora os terroristas acreditem que o seu sucesso depende dos meios de comunicação social, estes podem desempenhar um papel de prevenção e contraterrorismo, redireccionando a cobertura de forma a reduzir o medo e a ansiedade do público, divulgando os recursos de apoio disponíveis para atenuar o impacto do terrorismo, sensibilizando o público, partilhando práticas de resiliência e decisões políticas importantes que possam garantir a sensibilização para a segurança pública (Pries-Shimshi, 2005).

Outro papel positivo que os meios de comunicação social podem desempenhar é o apoio às organizações de ajuda humanitária na partilha de informações úteis com as comunidades que precisam de ajuda para se ligarem aos serviços de apoio e procurarem os seus familiares desaparecidos. Por exemplo, na maioria dos países, os serviços noticiosos centrais informam regularmente sobre a situação do trânsito. Podem ser realizadas actividades semelhantes para partilhar pequenas histórias de resiliência, reduzindo o medo e o pânico desejados pelos terroristas. No entanto, recomenda-se o apoio de pessoal especializado para garantir que os princípios e as medidas de segurança não sejam quebrados a favor dos terroristas. O que mais os meios de comunicação social devem fazer para reduzir o impacto desejado pelos terroristas nos objectivos políticos é não forçar ou encorajar as pessoas a falar sobre o mal que sentem (Laureate, 2009).

4.1 Comunicação e interoperabilidade

A interoperabilidade é "a capacidade dos organismos públicos de partilharem informações através de um sistema de radiocomunicações para trocarem voz e/ou dados a pedido, em tempo real, quando necessário e conforme autorizado" (National Governors Association Center for Best Practices, 2007, p.59). Os sistemas e a tecnologia podem apresentar algumas limitações e desafios que podem afetar determinados grupos ou jurisdições e, consequentemente, afetar a eficácia da segurança interna. Ao conceber uma estratégia antiterrorista ou um plano de segurança interna, é importante que as agências identifiquem planos alternativos para o caso de o sistema de comunicação ser afetado por um ataque terrorista ou outro tipo de catástrofe. Por exemplo, durante o furacão Katrina, importantes infra-estruturas de comunicação foram destruídas e o sistema de comunicação foi interrompido, o que afectou 50% das estações de rádio de uma área, constituindo um desafio para os planos de comunicação das agências federais, estatais e locais, não existindo um plano de comunicação a nível estatal ou regional que considerasse a utilização dos recursos de comunicação disponíveis (Townsend, 2016). De acordo com a Comissão do 11 de setembro (2002), um grande número de mortes de bombeiros ocorreu no World Trade Center em tempo inadequado devido a problemas de interoperabilidade.

Alguns desafios que podem estar relacionados com a interoperabilidade são o planeamento inadequado e a falta de controlo de gestão, políticas e procedimentos partilhados. O primeiro pode resultar numa utilização inadequada dos fundos e dos recursos e, consequentemente, numa implementação deficiente; o segundo pode afetar uma resposta adequada e coordenada em caso de rutura do sistema de qualquer agência. Neste caso, a agência deverá ficar isolada e incapaz de atingir os objectivos de segurança interna (Government Accountability Office, 2007).

A falta de comunicações interoperáveis pode implicar a quebra de ligação entre diferentes pessoas, como os socorristas e os trabalhadores de emergência que respondem a uma catástrofe, e falhar a coordenação e os esforços para atenuar a catástrofe (Townsend, 2006). Os planos de segurança interna devem ter em conta as possíveis dificuldades de comunicação e prever planos alternativos em coordenação com os governos e agências federais, estatais e locais. A interoperabilidade deve ser um ponto crucial na orçamentação para garantir a afetação de recursos para enfrentar os desafios. Todos os planos de segurança interna devem ter em conta as diretrizes da Estratégia Nacional de Comunicações e, nos casos em que não exista uma estratégia de comunicação, esta deve ser desenvolvida.

Alguns desafios relacionados com as comunicações interoperáveis são: (1) **planeamento inadequado**, (2) **ausência de controlo de gestão partilhado**, (3) e **deficiência da política e dos procedimentos de comunicação** (Government Accountability Office, 2007). No entanto, estes desafios podem ser resolvidos tendo em conta o seguinte:

1. **um planeamento inadequado** não deve ter em conta os recursos que devem ser afectados para enfrentar os desafios de comunicação, ou resultar numa má implementação do plano de comunicação.

2. Se **o controlo** da **gestão** das comunicações interoperáveis for partilhado entre as diferentes agências que intervêm na resposta a catástrofes, uma eventual falha de comunicação numa jurisdição permitirá a qualquer uma das agências continuar a apoiar e desenvolver esforços para restabelecer as ligações.

3. **A política e os procedimentos de comunicação** devem ser adequados para o controlo da gestão partilhada, a fim de evitar conflitos entre as agências e de lhes dar autoridade para utilizarem os recursos alternativos disponíveis. Nesta fase, o desenvolvimento de diretrizes ou de uma estratégia nacional de comunicação deve ser uma prioridade do plano de segurança interna.

4.2 Comunicação e cultura

As diferentes culturas podem ter códigos e estratégias de comunicação diferentes consoante a situação, as caraterísticas do grupo ou a relação hierárquica entre os seus membros. De acordo com Matsumoto (2001), a comunicação durante uma atividade complexa é mais influenciada pela cultura do que em actividades mais simples. Por exemplo, em África, quando alguém morre numa comunidade, a maioria das pessoas é curvada em torno da situação para ajudar e participar, apoiando a família que perdeu o seu ente querido de todas as formas, independentemente de serem ou não familiares. No Ocidente, o estatuto social da pessoa teria mais influência.

O ponto de vista das pessoas sobre o que é ou não aceitável é ensinado pela cultura; isto sugere que a comunicação é também uma questão relevante nos estudos psicológicos que podem considerar a utilização da comunicação verbal ou não-verbal. Muitos países africanos têm como língua oficial as línguas ocidentais, normalmente utilizadas como ferramenta de comunicação para investigação e avaliação psicológica; isto pode considerar os níveis de proficiência e o comportamento não-verbal como aspectos importantes quando se obtém apoio de outros países (Cohen & Swerdlik, 2005).

Capítulo 5

Estratégias das organizações de ajuda e colaboração entre agências

O 11 de setembro demonstrou que as organizações de ajuda humanitária desempenham um papel importante na preparação e resposta ao terrorismo (Bongar, et al., 2007). Com base nas falhas identificadas, as organizações de socorro devem concentrar-se nos seguintes objectivos

1. Avaliação prévia para **determinar os recursos disponíveis** e a capacidade de intervenção.

2. Estabelecer **um** mecanismo **de coordenação eficaz** para evitar falhas e a duplicação de actividades.

3. Criar um mecanismo para **partilhar e divulgar informações coerentes** com as comunidades.

4. Apoiar o governo no **registo e gestão dos voluntários**.

5. Angariar e afetar recursos logísticos para **apoiar as comunidades e os voluntários**.

6. Desenvolver **diretrizes** inter-agências de segurança e **gestão de riscos** para garantir que as organizações ou voluntários menos experientes tomem medidas de risco.

As organizações de socorro não devem funcionar como um sistema independente, devem funcionar sob as diretrizes da segurança interna existente e, quando respondem a incidentes, devem manter princípios unificados com a gestão e coordenação do comando. Este alinhamento contribuirá para que as operações em diferentes regiões geográficas e com diferentes funções interajam e respondam eficazmente com o mesmo objetivo.

5.1 Cuidados em massa, evacuação e planos de contingência

Ao considerar um plano de resposta, é importante lembrar que o governo local precisa de trabalhar com organizações de socorro numa estratégia de segurança interna para responder a um ataque terrorista, esta estratégia deve dar prioridade aos recursos locais, conhecimentos, competências, resposta rápida e eficaz, a fim de reduzir o impacto psicológico entre a população (Laureate Education, 2009).

De acordo com McConnelln e Drennan (2006), o planeamento de contingência é uma questão relevante para as autoridades públicas e a preparação para as crises deve estar no topo da agenda política institucional. McConnelln e Drennan defendem ainda que os elementos que as organizações devem facilitar são: resiliência, processamento de informação relevante de/para as autoridades centrais, e ter capacidade de alerta e mobilização de unidades de crise.

Um plano de evacuação em massa faz parte do plano de operações e de contingência e centra-se na mobilização de recursos para dar prioridade às áreas povoadas em risco ou afectadas por uma catástrofe, bem como na resposta coordenada de várias agências (Emergency Evacuation Plan of Maricopa County, 2016). Recomenda-se que se prevejam os desafios fatais que podem ser causados pela falta de informação sobre os perigos quando o ataque ocorrer, e a necessidade de incluir equipamento adequado e pessoal de emergência e socorristas bem treinados. Outra área crítica que não deve ser esquecida num plano de evacuação é a resposta de emergência especializada para os grupos mais vulneráveis e para as pessoas com problemas de saúde graves. Por exemplo, as pessoas com deficiência necessitariam de condições especiais de transporte (Bongar, et. al., 2007; McConnelln & Drennan, 2006).

As evacuações podem tornar-se operações dispendiosas se não forem planeadas adequadamente. Um indicador importante de um plano de evacuação inadequado é a inexistência de um sistema de triagem por parte do pessoal de emergência médica enquanto o processo de salvamento estiver em curso. Os planos de contingência devem incluir elementos para a segurança inicial da população e dos trabalhadores de emergência, bem como um plano de resposta e de atenuação que aborde o impacto a longo prazo na saúde. Devido ao risco particularmente elevado de atentados bombistas, a formação dos socorristas e de todos os profissionais deve ter em conta a sua auto-segurança no primeiro momento.

No caso de um atentado suicida, por exemplo, o plano de emergência deve considerar a proteção contra ameaças secundárias. Tal como referido no capítulo 1, os terroristas podem colocar bombas secundárias, armas químicas ou biológicas para maximizar os ferimentos e prejudicar os trabalhadores de emergência. Para fazer face a estes desafios, o plano de emergência deve incluir recursos para a instalação de instalações de saúde e de emergência onde as vítimas e os trabalhadores de emergência feridos possam ser assistidos enquanto ocorre a transferência para instalações de saúde especializadas.

5.2 Impacto psicológico das agências

Embora o facto de haver diferentes agências a trabalhar para dar uma sensação de segurança aos cidadãos e proteger a integridade do país contra o terrorismo pareça ser um esforço extremo, o excesso pode causar uma preocupação de autoconsciência excessiva, o que tem um impacto negativo na população em geral.

No que respeita ao aviso de ameaças terroristas, os diferentes organismos podem ter procedimentos diferentes de recolha de informações que influenciam a qualidade e a forma como essas informações devem ser divulgadas como aviso à população em geral. Por exemplo, nos Estados Unidos, o governo é a principal autoridade para prevenir e responder a actos de terrorismo, o que minimiza o possível impacto negativo do papel de várias agências. Verificou-se que **o que causa um impacto positivo na população** são os seguintes factores: **uma única entidade que emite o primeiro aviso, a exatidão da informação sobre a ameaça** (quando, onde) e, no caso de o aviso ser falso, deve incluir **uma explicação sobre a forma como o erro ocorreu**. O excesso de falsos alarmes sem uma explicação posterior reduziria o grau de preparação da comunidade para situações reais. A existência de diferentes canais de monitorização da contra-inteligência dá aos terroristas a oportunidade de acederem a meios para criar pânico na população, fazendo-a sentir-se ansiosa, confusa, incerta e vulnerável, através da divulgação intencional de informações sobre falsos ataques nos canais monitorizados pelos serviços secretos do Estado (Bongar et. al., 2007).

Quando o poder do governo em termos de alertas de controlo e de resposta a questões de segurança é utilizado de forma inadequada, tem um impacto negativo no bem-estar psicológico da população. O 11 de setembro é relatado como consequência de diferentes falhas de diferentes agências no cumprimento da sua obrigação de verificar os procedimentos de segurança e, após o desastre, as pessoas nos Estados Unidos aumentaram o medo, a ansiedade e desenvolveram a sensação de que o país não é tão seguro como pensavam (Nacos, 2016).

Ter, por um lado, uma agência responsável pela prevenção de pessoas com intenção de desestabilizar a segurança do país e, por outro lado, uma agência preparada para responder e apoiar a população em caso de catástrofe aumenta o sentimento de segurança entre a população. Um sistema de resposta nacional deve incluir uma agência que contribua para o bem-estar psicossocial da população, fornecendo educação, informação, serviços informais de aconselhamento em situações de crise a curto prazo, e fazer o encaminhamento através do seu programa de aconselhamento e formação em situações de crise.

Capítulo 6

Estratégias de resposta a catástrofes

A estratégia de resposta às catástrofes deve ter em consideração os recursos locais, os conhecimentos, as competências, a rapidez e a eficácia da resposta. O governo local é um assunto-chave para a estratégia de preparação, no entanto, deve ser suficientemente capacitado com todo o tipo de recursos, enquanto os recursos da comunidade devem centrar-se no conhecimento e nas capacidades para lhes permitir compreender os sentimentos e as reacções durante a catástrofe, tendo o sentido de controlo para desempenhar o papel de voluntários que se ajudam mutuamente. Esta estratégia também reduz a perceção de vítima e, consequentemente, o impacto psicológico (Laureate Education, 2009).

Uma estratégia baseada no Manual de Saúde Mental em caso de Catástrofe (Cruz Vermelha Americana, 2012; Laureate Education, 2009) considera três níveis de acções: avaliação/identificação das necessidades, criação de um centro de recursos de resiliência e intervenção orientada.

6.1Avaliação e identificação das necessidades

É importante que haja uma avaliação prévia de todos os organismos intervenientes para responder à situação de catástrofe. Deve ser dada especial atenção aos kits de vigilância e de primeiros socorros, bem como aos socorristas e voluntários preparados; o governo deve preparar previamente os recursos e estabelecer um centro de comando de incidentes. O centro de comando de incidentes é responsável pela gestão global da situação, incluindo pessoal de planeamento, operações, logística, finanças e administração, informação pública, segurança e ligação com os parceiros e as comunidades.

6.2Estabelecimento do Centro de Recursos de Resiliência

O centro de resiliência e de recursos ajuda as pessoas a compreenderem melhor a violência e a desenvolverem estratégias de sobrevivência, formando voluntários, prestando cuidados de emergência, primeiros socorros psicológicos (PFA) e psicoeducação à comunidade, com especial atenção às crianças. O centro de resiliência é uma parte importante da gestão de emergências e reforça os profissionais de apoio e as comunidades. Este elemento considera a concentração de recursos adequados para avaliar e responder aos desafios que afectam as vítimas de catástrofes, os profissionais, a família e os membros da comunidade. As principais funções propostas para o centro de resiliência são **a prestação de primeiros socorros psicológicos** e **respostas de redução do stress, debriefing ocupacional, auto-cuidado** e **apoio psicossocial** (Bongar et. al., 2007). O centro de resiliência é importante para prevenir o impacto psicológico e neurobiológico na população, por exemplo, a perturbação pós-traumática

O centro de resiliência faz parte da fase de resposta, este tipo de resposta é dirigido às vítimas de ataques terroristas e inclui programas de primeiros socorros psicológicos, de redução do stress e de apoio psicossocial, programas de esclarecimento profissional dos trabalhadores e de cuidados pessoais. A resposta é estruturada para diferentes grupos-alvo selecionados de acordo com a sua categoria de envolvimento na situação ou classificação da vítima. Há cinco das seis classificações propostas para serem alvo da resposta mencionada:

a) **As pessoas afectadas no epicentro do ataque terrorista** - primeiros socorros psicológicos e redução do stress prestados por profissionais.

b) **As suas famílias e amigos próximos** - redução do stress e apoio psicossocial prestado por profissionais e voluntários, membros da comunidade envolvidos.

c) **Os trabalhadores de emergência** e as pessoas diretamente envolvidas nas operações de salvamento e de recuperação - trabalhadores que fazem o balanço do trabalho e os cuidados pessoais.

d) **A comunidade de luto** identificada com os que estão a sofrer - redução do stress e apoio psicossocial prestado por profissionais e voluntários, membros da comunidade envolvidos.

e) Várias **outras pessoas que são afectadas negativamente** - redução do stress e apoio psicossocial fornecido por profissionais e voluntários, membros da comunidade envolvidos.

Capítulo 7

Ética, direitos humanos e cultura

De acordo com Wolfendale (2007), existem duas posições assumidas em relação à luta contra o terrorismo, uma posição refere que os direitos civis e humanos básicos devem ser sacrificados com o argumento de que a ameaça do terrorismo é maior e única do que outras ameaças, outra é que a liberdade civil e a proteção legal são a medida mais eficaz para combater o terrorismo. Em ambas as posições está incluído o dilema do exercício da liberdade como liberdade civil, mas também o uso excessivo de liberdades que poderiam ser controladas.

7.1 Liberdades civis e direitos humanos

As liberdades e os direitos civis mais afectados pelas medidas antiterroristas são a privacidade relacionada com a imagem, as práticas de interrogatório e as comunicações pessoais. As agências de aplicação da lei e os meios de comunicação social enfrentam desafios quando a sua prática é criticada por organizações de direitos humanos. De acordo com os Princípios Éticos e o Código de Conduta da APA (Act 1.02 e 4.05 a), o psicólogo pode divulgar informações confidenciais sem o consentimento do indivíduo se as razões do mandato estiverem de acordo com a lei e, quando as leis ou as autoridades legais estiverem em conflito com as responsabilidades éticas dos psicólogos, deve ser aplicado o princípio geral e levantada a questão da violação dos direitos humanos.

7.2 Ética e cultura

Os instrumentos utilizados para a avaliação devem ser culturalmente adequados e a comunicação deve ter em conta a diversidade étnica da população. Os meios de comunicação social são o agente mais crítico em que esta questão deve ser abordada devido à diferença de interesses entre o público, o governo e os editores. O seu envolvimento na formação em ética e direitos humanos pode contribuir para minimizar os efeitos negativos da estratégia antiterrorista. Por outro lado, outras liberdades e direitos civis podem ser afectados negativamente aquando da aplicação dessas medidas. Nesta perspetiva, a legislação e a prática do contraterrorismo podem também afetar a democracia e a estabilidade de outros Estados e dos seus cidadãos (Saiya, 2015; Wolfendale, 2007).

Trabalhar com as comunidades é um processo de aprendizagem que traz descobertas para melhorar os programas de desenvolvimento, as políticas e as pesquisas. Exige que o trabalho com as comunidades seja exato e verdadeiro, de modo a responder adequadamente às suas necessidades actuais e futuras (Burkholder & Crawford, 2016).

Por vezes, as ferramentas e os instrumentos podem ser concebidos para um fim específico, mas podem não visar as questões apropriadas ou produzir resultados influenciados por outros factores. Por exemplo, se se considerar avaliar a capacidade das crianças para nomear diferentes objectos como medida de inteligência sem considerar se esses objectos fazem parte do seu ambiente ou da sua vida quotidiana, ou do contexto cultural das crianças avaliadas, isso pode influenciar resultados que ditarão um desempenho negativo dessas crianças. Neste caso, os instrumentos e o seu objeto não estão contextualizados. O investigador deve considerar se os símbolos ou objectos utilizados fazem parte da cultura e do contexto da amostra.

As questões éticas podem também influenciar as decisões em diferentes fases. O próprio conceito de ética é desafiador enquanto definido ou associado à moralidade, a definição do que é errado e do que é certo (Babbie, 2014). O desafio da moralidade consiste no julgamento de situações, sentimentos, acções e comportamentos dos profissionais, e é influenciado pela cultura (Matsumoto, 2001). Um potencial problema ético no trabalho com grupos pode ser a participação voluntária em comunidades de cultura coletivista ou tradicional; por exemplo, em algumas comunidades tradicionais, as mulheres não têm os mesmos direitos que os homens e tendem a fazer o que lhes é ordenado pelos maridos, pela liderança da comunidade ou pelas autoridades tradicionais. Neste caso, o conceito de participação voluntária é confuso e pode ainda assim influenciar decisões que não satisfazem os princípios da beneficência e da justiça.

Em todos os trabalhos comunitários, os profissionais estão sujeitos a considerar o código de ética, quando desenvolvem as suas actividades e os programas de emergência não são uma exceção. O Código de Conduta da APA (2003, p.4) recomenda que os psicólogos devem prestar serviços, investigar ou ensinar de acordo com os seus limites de formação, estudo ou experiência, este é um tópico muito importante para sugerir que todos os profissionais envolvidos na resposta a catástrofes devem ser adequadamente treinados e qualificados para a área atribuída.

Resumo

Não existe uma definição única de terrorismo, mas os diferentes actores quase concordam que o terrorismo é um ato político ou de motivação religiosa, premeditado, que visa atingir civis com o objetivo de influenciar mudanças políticas.

O terrorismo tem um grande impacto na saúde mental, sendo as perturbações de stress pós-traumático e as perturbações de stress agudo as mais comuns. A estratégia antiterrorista deve ser discutida no contexto das políticas públicas e abordar a comunicação com o público sobre as liberdades civis e os direitos humanos, as necessidades e as questões que afectam a população vulnerável.

O nível de participação da comunidade e a afetação de recursos pelo governo podem reduzir significativamente o impacto do terrorismo nas comunidades. No entanto, a afetação de recursos deve ter em conta os desafios a todos os níveis do ciclo de gestão de emergências e ter em especial atenção a segurança, a estratégia de evacuação, a comunicação e a interoperabilidade.

As comunidades podem desempenhar um papel importante de apoio, mas o seu envolvimento deve ser cuidadosamente preparado como um programa a longo prazo, tendo em conta a formação adequada para garantir uma participação segura e bem sucedida. O envolvimento da comunidade na luta antiterrorista reduzirá a perceção do papel das vítimas e, consequentemente, reduzirá o impacto psicológico negativo.

Os meios de comunicação social são um parceiro importante que pode colaborar com as comunidades, o governo e os parceiros para contrariar os objectivos dos terroristas em vez de os maximizar. Os terroristas continuarão a fazer esforços para maximizar os meios de comunicação a seu favor.

A existência de objectivos globais de segurança interna e de uma estratégia de comunicação nacional ajuda a abordar a colaboração entre as agências e a minimizar possíveis conflitos que possam afetar a resposta ao terrorismo.

Referências

1. Cruz Vermelha Americana, Serviços de Catástrofe. (2012). Manual de Saúde Mental em caso de catástrofe. Obtido em: http://www.cdms.uci.edu/pdf/disaster- mental-health-handbook-oct-2012.pdf

2. APA (2000). Manual Diagnóstico e Estatístico de Transtornos Mentais (4ª ed.). S. Paulo: Artmed.

3. APA (2010). Princípios Éticos dos Psicólogos e Código de Conduta.

4. Babbie, E. (2017) Noções básicas de investigação social (7.ª ed.). Boston, MA: Cengage Learning.

5. Berman, J., & Flint, L. (2003). Guiding lights: Supervisão e controlo dos serviços de informação para o desafio do terrorismo. *Criminal Justice Ethics,* 22(1), 2.

6. Bongar, B., Brown, L. M., Beutler, L. E., Breckenridge, J. N., & Zimbardo, P. G. (Eds.). (2007). *Psychology of terrorism.* Nova Iorque, NY: Universidade de Oxford

7. Borum, R. (2004). Psicologia do terrorismo. Tampa: Universidade do Sul da Flórida.

8. Breslau, N., Davis, G., Andreski, P., Peterson, E. (1991). Traumatic events and posttraumatic stress disorder in an urban population of young adults (Acontecimentos traumáticos e perturbação de stress pós-traumático numa população urbana de jovens adultos). *Archieves of General Psychiatry,* 48(3):216-22. Recuperado de:

http: //www .ncbi.nlm .nih.gov/pubmed/199 6917

9. Bullock, J. A., Haddow, G. D. & Coppola, D. P. (2013). Introdução à segurança interna (5ª ed.) Waltham, MA: Elsevier Inc

10.Burkholder, G. J., Cox, K. A., & Crawford, L. M. (2016). The scholarpractitioner's guide to research design. Baltimore, MD: Laureate Publishing.

11.CDC Disaster Planning Goal .(n.d).Protect vulnerable older adult. Obtido em: http://www.cdc.gov/aging/pdf/disaster pla nning goal.pdf

12.Centro de Controlo da Imigração (2007). Deverá o governo permitir que os imigrantes que estão cá ilegalmente se tornem cidadãos americanos? Obtido de:

http: //immigration.procon. org/view.source. php?sourceID=003088

13.Cochran, C., Malone, L. (2014). Políticas públicas: perspetivas e escolhas. Recuperado de:https://www.rienner.com/uploads/47 d95b0891600.pdf

14.Crenshaw, Martha (2007). Explaining suicide terrorism: a review essay" [Explicando o terrorismo suicida: um ensaio de revisão]. *Security Studies, 16,* 133-162. doi: 10.1080/09636410701304580

15.Davis, Jessica (2006). Mulheres e Terrorismo no Islão Radical: Planificadoras, perpetradoras, patronas? Canadá: Universidade de Dalhousie.

16.Departamento de Segurança Interna, (2016). Implementação das recomendações da Lei da Comissão 911 de 2007, Lei Pública 110-53. Recuperado de: https://www.dhs.gov/key-dhs-laws.

17.Fisher, F., Miller, G., Sidney, M. (2007).

Manual de análise de políticas públicas: teoria, política e métodos. Pensilvânia: Taylor Francis Group.

18.Fiske, S. T. (2014). Seres sociais: Motivos essenciais em psicologia social. NJ: WILEY

19.Gookins, A. J. (2008). The role of Intelligence in Policy Making. SAIS Review, Vol. 28 (1) pp. 65-73. WinterSpring. Recuperado de:

http: //www .bard.edu/ civicengagement/usfp /docs/gookins.pdf

20.Grimland, M., Apter, A., e Kerkhof, A. (2006). O fenómeno dos atentados suicidas: uma análise dos factores psicológicos e não psicológicos. *Research Trends,* Vol. 27(3):107-118. doi: 0.1027/0227-5910.27.3.107

21.Haine, Rachel A., Ayers, Tim S., Sandler, Irwin N.(2008). Práticas baseadas em evidências para crianças em luto parental e suas famílias. *Professional Psychology: Investigação e Prática,* Vol 39(2), 113121. DOI: 10.1037/0735-7028.39.2.113

22.Hobfoll et. al. (2013). Refinando nossa compreensão do crescimento traumático em face do terrorismo: Moving from Meaning Cognitions to doing what is Meaningful. Compilação do jornal Associação Internacional de Psicologia Aplicada, 56 (3), 345-366 doi: 10.1111/j.1464-0597.2007.00292.x.

23.Instituto Nacional de Estatística.(2014). Resultados definitivos do recenseamento geral da populacao e da habitacao [Resultados definitivos do recenseamento geral da populacao e da habitacao]. Angola: INE. Recuperado de: http://aiangola.com/wp-content/uploads/2016/03/Publica%C3%A7%C3%A3o-Resultados-Definitivos-Censo Geral-2014 Vers%C3%A3o- 22032016 DEFINITIVA- 18H17.pdf

24.Jetter, Michael (2014). Terrorismo e os media. Alemanha: Instituto de Estudos do Trabalho.

25.Kaplan, S., & Cunningham, C. (2010). Eight quick tips for improving global cross-cultural communications. Fator Diversidade, 18(2), 33-38.

26.Kupcikas, K. (2013). The Importance of Intelligence to International Security.Retrieved from:. http://www.e-ir.info/2013/11/08/importance-of- intelligence-to-international-security/

27.Levy, B.S & Sidel, V.W (2012). Terrorismo e saúde pública: uma abordagem equilibrada para reforçar os sistemas e proteger as pessoas (2nd Ed). NY: Universidade de Oxford.

28.Mahan, S., & Griset, P. L. (2013). Terrorismo em perspetiva (3ª ed.). Los Angeles: Sage.

29.Martins, M. (2015). Atribuições identitárias dos ovimbundu na Angola do pós-guerra. *Journal of Southern African Studies,* Vol. 41, No. 4, 1-15, doi: 10.1080/03057070.2015.1052625

30.Masten, A. S., & Narayan, A. J. (2012). Child development in the context of disaster, war, and terrorism: Pathways of risk and resilience (Caminhos de risco e resiliência). Revisão Anual de Psicologia, 63, 227-257

31.Matsumoto, D. (2001). The handbook of Culture and Psychology. Nova Iorque: Oxford University Press.

32.McConnell, A., & Drennan, L. (2006). Missão impossível? Planning and preparing for crisis. Journal of Contingencies & Crisis Management, 14(2), 5970.

33.McEntire, D. (2009). Introduction to Homeland Security [Introdução à Segurança Interna]. Nova Iorque, NY: WILEY

34.Miloshevska, Tanja (n.d). Global suicide

terrorism. *Revista científica internacional de defesa, segurança e paz. 323.285:179.7(100)*

35.Moore, J. (2001). Evolução do terrorismo islâmico: An overview. Recuperado de http: //www .pbs.org/wgbh/pages/frontline/s hows/target/etc/modern.html

36.Nacos, B. L. (2016). Terrorismo e contra-terrorismo (4.ª ed.). Nova Iorque, NY: Pearson.

37.Comissão Nacional sobre os Ataques Terroristas contra os EUA (2004). Relatório da Comissão do 11 de setembro. Recuperado de http://govinfo.library.unt.edu/911/report/

38.Ness, C. D. (2005). *Em nome da causa: Women's work in secular and religious terrorism. Studies in Conflict and Terrorism,* 28(5), 353-373

39.Njoku, E.T (2011). *Globalização e terrorismo na Nigéria.* Foreign Policy Journal, consultado em:

http://www.foreignpolicyjournal.com/2011 /08/13/globalization-and-terrorism-in-nigeria/view-all/

40.Nova online (n.d.). História do bioterrorismo. Recuperado de http: //www .pbs.org/wgbh/nova/bioterror/hi st_nf.html

41.Pries-Shimshi, Y. (2005). Criar uma cidadania preparada para o terrorismo. *Educação, meios de comunicação social e sensibilização do público.* Retrieved from http://www.ict.org.il/Article/919/Creating%20a%20Citizenry%20Prepared%20for%20Terrorism%20Education,%20Media,%20and%20Public%

42.Saiya, Nilay.(2015) *Perspectives on terrorism.* Vol. 9 Issue 6, p51-59. 9p.

43.Sunday, Christopher E. (n.d) O papel da teoria na investigação. Universidade de Western Cape. de:

file:///C : /U sers/Liz/Downloads/The%20role%20of%20theory%20in%20research.pdf

44.O Centro de Investigação da Resiliência. (2013). O centro de pesquisa de resiliência: medida de resiliência para adultos. Canadá: Centro de Investigação da Resiliência

45.Thompson, J., Rehn, M., Lossuis, H.M., e Lockey, D. (2014). Riscos para equipes médicas de emergência em incidentes terroristas. *Uma revisão narrativa da literatura médica,* 18: 521. doi: 10.1186/s13054-014-0521-1

46.Departamento de Segurança Interna dos EUA, Gabinete de Assuntos de Saúde. (2015). Guia de primeira resposta para melhorar a capacidade de sobrevivência em incidentes com dispositivos explosivos improvisados e/ou atiradores activos: Obtido em: https://www.naemt.org/docs/default-source/education-documents/phtls/trauma-resources/first-responder-guidance-june- 2015-final-2.pdf?sfvrsn=0

47.Departamento de Assuntos de Veteranos dos EUA, Centro Nacional para PTSD (2010). Mental Health Reactions after Disaster [Reacções de Saúde Mental após uma Catástrofe]. Obtido em: http://www.ptsd.va.gov/professional/pages /helping-survivors-after-disaster.asp

48.Ungar, M. et. al (2013). A medida de resiliência de adultos do centro de pesquisa de resiliência. Centro de Pesquisa de Resiliência.

49.United States Government Accountability Office. (2007). First responders: Ainda há muito trabalho a fazer para melhorar a interoperabilidade das comunicações (pp. 111). Retirado de:

http://www.gao.gov/new.items/d07301.pdf

50.Comité de I&D do Instituto de Medicina dos EUA (1999). Needs for Improving Civilian Medical Response to Chemical and Biological Terrorism Incidents (Necessidades de melhorar a resposta médica civil a incidentes de terrorismo químico e biológico). Washington (DC): National Academies Press (EUA);

51.Walsh, J., e Charlotte, C., (2010). Media attention to terrorist attacks: Causes and Consequences. Carolina do Norte: Instituto de Soluções de Segurança Interna.

52.Warner,J. & Maftess,H. (2017). Explorando estereótipos: o inesperado operacional e demográfico dos bombistas suicidas do boko haram. WP: Centro de Combate ao Terrorismo.

53. Wolfendale, J. (2007). Terrorism, security, and the threat of counterterrorism [Terrorismo, segurança e a ameaça do contraterrorismo]. *Studies in Conflict & Terrorism,* 30:75-92, doi: 10.1080/10576100600791231.

MIX
Papier aus verantwortungsvollen Quellen
Paper from responsible sources
FSC® C105338

Printed by Books on Demand GmbH, Norderstedt / Germany